BEI GRIN MACHT SICH IHR WISSEN BEZAHLT

- Wir veröffentlichen Ihre Hausarbeit, Bachelor- und Masterarbeit

- Ihr eigenes eBook und Buch - weltweit in allen wichtigen Shops

- Verdienen Sie an jedem Verkauf

Jetzt bei www.GRIN.com hochladen und kostenlos publizieren

Bibliografische Information der Deutschen Nationalbibliothek:

Die Deutsche Bibliothek verzeichnet diese Publikation in der Deutschen Nationalbibliografie; detaillierte bibliografische Daten sind im Internet über http://dnb.d-nb.de/ abrufbar.

Dieses Werk sowie alle darin enthaltenen einzelnen Beiträge und Abbildungen sind urheberrechtlich geschützt. Jede Verwertung, die nicht ausdrücklich vom Urheberrechtsschutz zugelassen ist, bedarf der vorherigen Zustimmung des Verlages. Das gilt insbesondere für Vervielfältigungen, Bearbeitungen, Übersetzungen, Mikroverfilmungen, Auswertungen durch Datenbanken und für die Einspeicherung und Verarbeitung in elektronische Systeme. Alle Rechte, auch die des auszugsweisen Nachdrucks, der fotomechanischen Wiedergabe (einschließlich Mikrokopie) sowie der Auswertung durch Datenbanken oder ähnliche Einrichtungen, vorbehalten.

Impressum:

Copyright © 2017 GRIN Verlag
Druck und Bindung: Books on Demand GmbH, Norderstedt Germany
ISBN: 9783668820425

Dieses Buch bei GRIN:

https://www.grin.com/document/445215

Janina Gerhardt

Dürfen wir Tiere töten, um sie zu essen? Zur ethischen Legitimation des Fleischkonsums

GRIN Verlag

GRIN - Your knowledge has value

Der GRIN Verlag publiziert seit 1998 wissenschaftliche Arbeiten von Studenten, Hochschullehrern und anderen Akademikern als eBook und gedrucktes Buch. Die Verlagswebsite www.grin.com ist die ideale Plattform zur Veröffentlichung von Hausarbeiten, Abschlussarbeiten, wissenschaftlichen Aufsätzen, Dissertationen und Fachbüchern.

Besuchen Sie uns im Internet:

http://www.grin.com/

http://www.facebook.com/grincom

http://www.twitter.com/grin_com

Inhaltsangabe

1. Einführung..3

2. Was ist Tierethik?...……………………….4
2.1 Speziesismus…………………………………………..………...5
2.2 Egalitarismus….....………………………………………………..5
2.3 Schopenhauers Mitleidsethik …………………………………..6
2.4 Singers Präferenzutilitarismus…………………….................... 7

3. Brauchen Menschen Fleisch?...8
3.1 Dürfen wir Tiere töten um sie zu essen?......................................9
3.2 Legitimiert die Bibel den Konsum von Fleisch?......................12

4. Fazit……………………………………………………..……..13

2

1. Einführung

„Wo es um Tiere geht, wird jeder zum Nazi."[1], lautet eine von Isaac Bashevis Singers Aussagen. Was auf den ersten Blick wie polemische Provokation erscheinen könnte, wirkt beim genaueren Untersuchen der bestehenden Verhältnisse in der industriellen Massentierhaltung beinahe berechtigt. Durch die Medien herrscht bereits eine allgemeine „Aufgeklärtheit" über die Zustände in sogenannten Zuchtbetrieben. Doch das ändert nichts an den Konsumgewohnheiten vieler Verbraucher. Sollte es denn etwas ändern? Oder sind Tiere dazu da um als Nahrungsmittel zu dienen? Durch zahlreiche kontroverse Debatten wurde ich dazu angeregt mich intensiver mit dieser Thematik zu beschäftigen. Die Frage danach, ob man Fleischkonsum ethisch vertreten kann, ist von eminenter Bedeutung, da jeder Mensch täglich damit konfrontiert wird. Bei der Frage nach der ethischen Vertretbarkeit von Fleischkonsum möchte ich mich nur auf die Verhältnisse in privilegierten Ländern beziehen. Für eine möglichst differenzierte und gründliche Beantwortung der Frage: „Dürfen wir Tiere töten, um sie zu essen?", habe ich mich eingehend mit Fachliteratur zur Tierethik und dazugehörigen Theorien beschäftigt. Anfangs möchte ich etablierte und relevante Positionen der Tierethik vorstellen und erläutern. Anschließend untersuche ich die Notwendigkeit von Fleischkonsum anhand von Studien zur Gesundheit. Danach werde ich näher auf die Leitfrage nach ethischer Legitimation des Tötens von Tieren eingehen und dabei den Unterschied zwischen Mensch und Tier beleuchten. Abschließend möchte ich auch die christliche Perspektive, also die biblische Sicht auf die Thematik darstellen. Hierbei werde ich Aspekte aus dem Alten, sowie aus dem neuen Testament mit einbeziehen. Ziel meiner Arbeit ist es die Frage nach der ethischen Vertretbarkeit von Fleischkonsum elaboriert zu beantworten.

---

[1] Kaplan, Helmut: Der Verrat des Menschen an den Tieren (2007)

2. Was ist Tierethik?

Tierethik ist eine Untergruppe von Naturethik, welche als Teildisziplin der Bioethik gilt.[2] Die Tierethik befasst sich hauptsächlich mit Tierrechten und Tiermoral. Also mit den Fragen, ob Tieren Moral, Rechte oder sogar Würde zugeschrieben werden können. Außerdem wird die Tötung, Nutzung und das Zusammenleben mit Tieren thematisiert. *„Tierethik widmet sich den Tieren, die bewusste Objekte ihres Lebens sind",* schreibt Hilal Sezgin in „Artgerecht ist nur die Freiheit". Des Weiteren erläutert sie, dass nach der heutigen zoologischen Perspektive nur Tiere mit zentralisiertem Nervensystem in der Tierethik berücksichtigt werden. Dazu zählen Säugetiere, Vögel, Fische, Amphibien, Reptilien und Cephalopoden.[3] Die ersten tierethischen Überlegungen reichen bis zu 2000 Jahre in die Vergangenheit zurück und gehen auf den chinesischen Philosophen Hsiang Hsiu zurück. Hsiang Hsiu beschäftigte sich damit, ob Tiere Objekte sind oder autonome Lebewesen mit einem Innenleben. Die Tierethik blieb dann lange Zeit unpopulär bis René Descartes Tiere als seelenlose Objekte und Maschinen deklarierte.[4] Diese Auffassung wird heute weitgehend abgelehnt. Tiere sind heute sogar in unserem Grundgesetz verankert.

„Der Staat schützt auch die Verantwortung für die künftigen Generationen die natürlichen Lebensgrundlagen und die Tiere im Rahmen der verfassungsmäßigen Ordnung durch die Gesetzgebung und nach Maßgabe von Gesetz und Recht durch die vollziehende Gewalt und Rechtsprechung."[5]

So lautet Artikel 20a, welcher am 26. Juli 2002 zugunsten des Tierschutzes geändert wurde. Mit verantwortlich für das veränderte moralische Verhältnis zu Tieren in unserer Gesellschaft ist die deutsche Philosophin Ursula Wolf. Mit den Büchern „Das Tier in der Moral" und „Ethik der Mensch-Tier-Beziehung", hat sie im deutschsprachigem Raum wichtige Grundsteine für die Aktualität der Tierethik gelegt. Auch der australische Philosoph Peter Singer spielt eine große Rolle in der modernen Tierrechtsbewegung. In seinem Werk „Animal Liberation" thematisiert er den Speziesismus.

---

[2] Artikel: Bioethik, Spektrum Akademischer Verlag, Heidelberg
[3] Artgerecht ist nur die Freiheit, Hilal Sezgin S.21 (2014)
[4] Bundeszentrale für politische Bildung (2013)
[5] Grundgesetze für die Bundesrepublik Deutschland (1946)

2.1 Speziesismus

Die Tierethik wird von vielen bedeutenden Begriffen geprägt. Speziesismus ist einer davon. Tierrechtler/-innen verwenden den Begriff analog zu Rassismus und Sexismus. Während bei Rassismus Angehörige einer anderen ethnischen Gruppierung und bei Sexismus Menschen mit einem anderen Geschlecht diskriminiert werden, wirft der Speziesismus die Diskriminierung von anderen Spezies vor.

„Der Rassist sagt: „Weil du schwarze Haut hast, darf ich dich als Sklave halten." Der Sexist sagt: „Weil du eine Frau bist, darfst du nicht zu den Wahlen gehen." Und der Speziesist sagt: „Weil du ein Tier bist, kann ich dich lebenslang in Zoos einsperren, mit dir grausame Experimente durchführen und dich umbringen und aufessen."[6]

Dieses Zitat von Helmut F. Kaplan veranschaulicht das Prinzip des Speziesismus. Doch auch bei Speziesisten untereinander muss man unterscheiden. Laut Johannes S. Ach gibt es den absoluten, radikalen und milden Speziesismus. Für den absoluten Speziesist scheint generell keine Tierethik zu existieren. Der radikale Speziesist würde seine eigenen Interessen immer der der Tiere präferieren. Der milde Speziesist gibt seiner Spezies nur in Sonderfällen den Vorzug.[7] Milder Speziesismus würde beispielsweise so aussehen, dass eine Person auf den Verzehr tierischer Produkte verzichtet, aber trotzdem Medikamente zu sich nimmt, die zuvor an Tieren getestet wurden. In diesem Fall würde die Person ihre vitalen Interessen, denen der Tiere überordnen.

2.2 Egalitarismus

Laut dem Duden ist Egalitarismus eine „Sozialtheorie von der [möglichst] vollkommenen Gleichheit in der menschlichen Gesellschaft bzw. von ihrer Verwirklichung."[8] In der Tierethik geht es beim Egalitarismus um die prinzipielle Gleichheit zwischen Mensch und Tier. Dieses Resultat zieht die egalitaristische Position daraus, dass beide Spezies moralische Wesen sind.

---

[6] Helmut F. Kaplan, Der Verrat des Menschen an den Tieren (2007)
[7] Hilal Sezgin, Artgerecht ist nur die Freiheit S.58 (2007)
[8] Duden (2017)

Natürlich behauptet der Egalitarismus nicht, dass Menschen und Tiere faktisch gleich sind. Jedem ist bewusst, dass Tiere zum Beispiel nicht dieselben Rechte wie Menschen brauchen. Da Tiere weder lesen, noch schreiben können, würden sie nicht von der Pressefreiheit profitieren. Genauso wenig benötigen sie die Religionsfreiheit, weil sie eben keine Religion haben. Was sie aber benötigen, ist das Recht auf ihre Interessen, welche wie beim Menschen angemessene und ausreichende Nahrung und Unterkunft sind. Das moralische Gleichheitsprinzip setzt voraus, dass die Interessen von Menschen und Tieren gleichermaßen berücksichtigt werden.[9] Das Problem des Egalitarismus ist, dass ihm häufig der Vorwurf des Anthropomorphismus begegnet. Hierbei geht es darum, menschliche Eigenschaften auf Tiere zu projizieren und davon auszugehen, dass Tiere ähnliche Wünsche und Bedürfnisse wie Menschen hätten. Diese Annahme ist in vielen Fällen nicht berechtigt, da wir kein Zugang zum Bewusstsein von Tieren haben und ihnen deswegen auch keine kognitiven Fähigkeiten zu sprechen können.[10] Wir können lediglich Verhaltensmuster interpretieren.

2.3 Schopenhauers Mitleidsethik

Arthur Schopenhauer, deutscher Philosoph des 19. Jahrhunderts, stellte die Hypothese auf, dass Mitleid, das Fundament der Moral sei.[11] Mitleid sei eine moralische Instanz im Menschen. Schopenhauer behauptet allerdings nicht, dass Mitleid zu moralischem Handeln führen würde, sondern geht davon aus, dass Mitleid mit Bosheit und Egoismus im Menschen konkurriert. Eine moralische Handlung könne nur dann stattfinden, wenn sie aus purem Mitleid vollzogen wird.[12] Nur wenn man mit anderen Wesen leidet, kann man die Grenze zwischen „Du" und „Ich" überwinden. Schopenhauer bezeichnet das „Mitleid als unleugbare Tatsache des menschlichen Bewusstseins […]" und als „uneigennützige Tugend"[13] Schopenhauer dehnt als einer der wenigen seiner Zeit seine Ethik auch auf Tiere aus und impliziert sie in seinen moralischen und

---

[9] Helmut F. Kaplan, der Verrat des Menschen an den Tieren S.72 (2007)
[10] Bremer, Tierisches Bewusstsein, Anthropomorphismus und Heterophänomenologie
[11] Dietmar T., Mitleidsethik- Arthur Schopenhauer
[12] Vgl. Schmidt, Jana, Grundzüge Schopenhauers Mitleidsethik und ihre metaphysischen Einflüsse. Beurteilung der Kritik an Kant
[13] Kirchgessner, Walter, Schopenhauers Mitleidsethik

ethischen Überlegungen. „Mitleid mit den Tieren hängt mit der Güte des Charakters so genau zusammen, dass man zuversichtlich behaupten darf, wer gegen Tiere grausam ist, könne kein guter Mensch sein."[14] Arthur Schopenhauer deklariert somit Tiere als leidensfähige Wesen und kritisiert Menschen, die Tiere quälen. Er geht sogar so weit zu sagen, dass diesen Menschen jegliche Fähigkeit für moralisch korrektes Handeln fehlt, da diese Menschen dazu scheinbar nicht in der Lage sind.

2.4 Singers Präferenzutilitarismus

Der australische Philosoph Peter Singer gilt als Gründer des Präferenzutilitarismus. Hierbei handelt es sich um die Überlegung, ob eine Handlung den Interessen der Beteiligten nützt. Prinzipiell geht man bei ethischen Überlegungen danach vor, dass man die Präferenzen, also die Wünsche und Interessen der unterschiedlichen Personen miteinander verrechnet, die Auswirkungen bedenkt und sich dann richtig entscheidet.[15] Die Problematik hierbei liegt da, dass die Handlungen, die dem Interesse der Mehrheit entspricht, als richtig bewertet und damit moralisch gerechtfertigt werden. Für die Tierethik spielt der Präferenzutilitarismus eine so große Rolle, weil Singer die Schranken zwischen den verschiedenen Spezies überwindet. Er trifft keinen Unterschied zwischen Mensch und Tier, sondern benutzt nur sein Muster des Personenbegriffs. Für ihn ist eine Person ein selbstbewusstes Wesen, welches empfindungsfähig und autonom ist und Identitätsbewusstsein vorweisen kann. Nach diesem Schema wäre ein Menschenaffe eher eine Person, als ein neugeborenes Baby, weil der Affe mehr Kriterien für den Personenbegriff erfüllen würde. Konkret bedeutet das für Singer, dass er eher einem Affen als einem Neugeborenen das Leben retten würde. Mit Zitaten wie: „Die Tötung eines behinderten Säuglings ist nicht moralisch gleichbedeutend mit der Tötung einer Person. Sehr oft ist sie überhaupt kein Unrecht."[16] Ist der australische Philosoph äußerst umstritten geworden.

---

[14] Kirchgessner, Walter, Schopenhauers Mitleidsethik
[15] Vgl. Dr. Werner Moskopp, Der (Präferenz-)Utilitarismus Peter Singers Darstellung und kritische Würdigung (2015)
[16] Zitiert nach Hans Schuh, Läßt sich Euthanasie ethisch begründen? (2012)

3. Brauchen Menschen Fleisch?

Die Frage danach, ob Menschen Fleisch brauchen, scheint sich ganz schnell mit Ja beantworten zu lassen. Schon unsere prähistorischen Vorfahren haben Tiere gejagt und ihr Fleisch gegessen. Die beiden Archäologen Harm Paulsen und Ulrich Stodiek behaupten sogar, dass Fleisch es erst möglich gemacht hat, dass unser Gehirn sich bis zum heutigen Stand entwickeln konnte.[17] Fleischessen gehört offensichtlich zur Geschichte der Menschheit. An dieser Stelle, könnte die Frage auftreten, warum sich dann viele Menschen heute dafür entscheiden, vegetarisch oder sogar vegan zu leben. Jedoch ist der Vegetarismus keine Neuerscheinung des 21. Jahrhunderts. Der erste bekannte Vegetarier, war der vor circa 2500 Jahren lebende Pythagoras. Auf ihn folgten viele weitere bekannte Persönlichkeiten, die sich gegen den Verzehr von Tieren entschieden haben. So zum Beispiel auch Albert Einstein (1879-1955) und Leonardo da Vinci (1452-1519).[18] In der Gesellschaft kursiert, dass Fleisch notwendig für eine ausgewogene Ernährung sei. Es ist richtig, dass Fleisch als Nährstofflieferant fungieren kann. Fleisch liefert lebenswichtige Stoffe wie Eisen, Zink, Magnesium, Vitamin B12, Niacin und viele weitere Mineralstoffe und Vitamine.[19] Fleisch liefert allerdings kaum einen Nährstoff, der nicht auch mit Hülsenfrüchten, Vollgetreide, Ölen, Sojaprodukten und Gemüse und Obst abgedeckt werden könnte. Mit einer rein pflanzlichen Ernährung kann man den kompletten Bedarf von Omega-3-Fettsäuren, bis hin zu Zink und Eisen abdecken. Es treten keine Mangelerscheinungen von Nährstoffen auf, die man zu dem Erhalt von Nervensystem, Skelett und Muskelbestandteil braucht. Ein problematischer Nährstoff stellt das B12, oder auch Riboflavin genannt, dar. Doch wie amerikanische Forscher in "American Journal of Clinical Nutrition" berichten, weisen Menschen, welche tierische Produkte konsumieren genauso, oder sogar häufiger einen B12 Mangel auf, wie Menschen, die auf tierische Produkte verzichten.[20] Auch mit einer omnivoren Ernährung, sollte die Prävention vor B12-Mangel in Betracht gezogen werden, beispielsweise durch Nahrungsergänzungsmitteln, wie mit B12 angereicherter Zahnpasta. Nach

---

[17]Vgl. Florian Stark, Nur durch Fleischkonsum war die Menschwerdung möglich (2016)
[18] Vgl. Gabi Strobel, Vegetarier (2017)
[19] Sechs gute Gründe, Fleisch zu essen (2017)
[20] Marianne Diehl, Auch Fleischesser können an Vitamin-B12-Mangel leiden (2001)

aktuellen Forschungen kann man nicht nur so weit gehen zu sagen, dass vegetarische Ernährung keinen Nachteil zeigt gegenüber der omnivoren Ernährung. Man kann so weit gehen zu sagen, dass Menschen, die sich ohne Fleisch ernähren, gesünder leben und eine höhere Lebenserwartung haben. Dies bestätigt eine Langzeitstudie der Wissenschaftler der medizinischen Universität Karolinska Institutet in Stockholm, die an 74.000 Probanden durchgeführt wurde. Dabei wurde bestätigt, dass die Lebenserwartung mit erhöhtem Fleischkonsum sinkt.[21] Die Leitfrage, dieses Abschnitts war, ob Menschen Fleisch brauchen. Diese Frage, lässt sich mit Nein beantworten.

3.1 Dürfen wir Tiere töten, um sie zu essen?

Nachdem die Frage nach der Notwendigkeit des Fleischkonsums mit Nein beantwortet wurde, kommen wir nun zu der Frage nach der Legitimität des Tötens. Laut dem Bundesverband der Deutschen Fleischwarenindustrie e.V hat 2015 jeder Mensch beinahe 60 Kilogramm Fleisch im Jahr pro Kopf verzehrt[22] In den ersten sechs Monaten von 2017 wurde bereits 4,0 Millionen Tonnen Fleisch in den gewerblichen Schlachtbetrieben unseres Landes produziert.[23] Aber wie kann der extrem hohe Konsum gerechtfertigt werden, wenn Fleisch nicht nötig zur gesunden Lebensweise ist, ja sogar schädlich ist? Für die meisten Menschen ist der Geschmack ein Grund für den Konsum. „Ist es in Ordnung, wenn für das, was ich mir auf mein Brot lege, ein anderes Wesen so leiden muss?"[24], fragt die Autorin und Philosophin Hilal Sezgin in ihrem Buch. Um die Frage, ob Tiere für unseren Genuss sterben dürfen beantworten zu können, muss erst einmal der Unterschied zwischen Tier und Mensch geklärt werden. „Alle Versuche, den Menschen über die Tiere zu erheben, spielen sich auf der „geistigen", sprich: auf der psychologisch-moralischen Ebene ab"[25], diesen Satz schreibt Kaplan im Zusammenhang mit seiner Erklärung, dass Menschen auf demselben biologischen Stand wie Säugetiere sind. Tiere und Menschen ähneln

---

[21] Stern, Fleischkonsum in Langzeitstudie (2017)
[22] Bundesverband der deutschen Fleischwarenindustrie e.V.
[23] Statisches Bundesamt, Tiere und tierische Erzeugung
[24] Hilal Sezgin, Artgerecht ist nur die Freiheit S. 41 (2014)
[25] Helmut Kaplan, Der Verrat des Menschen an den Tieren, S.109 (2007)

sich in vielen Grundbedürfnissen. Beispielsweise bei sozialen Bindungen und Sexualität. Der einzige bedeutende Unterschied zwischen Mensch und Tier seien die geistigen Eigenschaften. Logisch betrachtet darf man den Wert eines Lebewesens aber nicht an den geistigen Eigenschaften messen. Sonst würde das bedeuten, dass Menschen mit hohem Intellekt mehr Wert wären als beispielsweise geistig Behinderte. Hilal Sezgin unterscheidet in ihrem Buch zwischen moralischen Subjekten und moralischen Objekten. Nur wer sich seiner selbst bewusst ist, besitzt moralische Verantwortung. Zu den moralischen Subjekten zählen also nur erwachsene Menschen, die geistig gesund sind. Unter moralische Objekte zählen Kinder, geistig Behinderte und Tiere. Obwohl Kinder nichts von dem Rechtssystem und Versicherungen verstehen, haben sie trotzdem Rechte und ihnen steht trotzdem eine Krankenversicherung zu. Und auch wenn eine demente Person nichts von ihrem Besitz weiß, ist das trotzdem kein Grund dazu sie auszurauben.[26] Das Wissen, dass man etwas hat, kann nicht zentral dafür sein, ob man beraubt werden darf oder nicht.[27] Bei moralischer Interaktion sollte nach Wünschen und Bedürfnissen von moralischen Objekten so wie moralischen Subjekten agiert werden. Tiere sind leidensfähige Lebewesen, empfinden Stress und Angst. Studien belegen, dass Tiere, genauso wie Menschen, dem Stress Hormon Cortisol und dem Bindungshormon Oxytocin ausgesetzt sind. Verhaltensbiologe Udo Gansloßer von der Universität Greifswald geht so weit zu sagen: „Die Gehirnstrukturen für Emotionen und das, was im Hormonsystem passiert, das ist ähnlich wie beim Menschen"[28] Demnach sind Tiere nach den moralischen Grundmaßstäben ethisch zu berücksichtigen. Manche Positionen argumentieren für den Fleischkonsum mit dem Argument, dass es ohne uns die Tiere gar nicht geben würde, weil wir sie gezüchtet haben. Dass es ohne uns diese Menge an Tieren nicht geben würde, ist zwar richtig, aber trotzdem liegt ein logischer Denkfehler in diesem Argument. Denn nur, weil wir für die Erschaffung für etwas verantwortlich sind, heißt das nicht, dass wir uneingeschränkte Rechte darüber haben. Das würde nämlich bedeuten, dass man mit seinen Kindern alles machen kann, was man will, nur weil man für ihre Entstehung verantwortlich ist. „Sobald es existiert, hat es seine eigenen Zwecke-

---

[26] Vgl. Hilal Sezgin, Artgerecht ist nur die Freiheit (2014) S. 49-50
[27] Vgl. Hilal Sezgin, Artgerecht ist nur die Freiheit (2014) S. 109
[28] Anne Jeschke, zu welchen Gefühlen Tiere wirklich fähig sind (2015)

und Rechte. Es gehört uns nicht."[29] Dieser ethische Grundsatz steht im kompletten Wiederspruch zur heutigen Fleischproduktion. Wir züchten Lebewesen nicht nur um sie zu töten, sondern auch um sie möglichst schnell zu töten. Leidensfähige Lebewesen für den Genuss zu töten, scheint doch ziemlich fragwürdig zu sein.

3.2 Legitimiert die Bibel den Konsum von Fleisch?

„[…] und füllet die Erde und machet sie euch Untertan und herrschet über die Fische im Meer und über die Vögel unter dem Himmel und über das Vieh und über alles Getier, das auf Erden kriecht."[30], ist eine der bekanntesten Aussagen in der Schöpfungsgeschichte. Viele Christen sehen allein schon im ersten Buch Mose die Berechtigung Fleisch zu essen. Doch wie definiert Gott herrschen? In 2. Mose 15 ist Gottes Auftrag den Garten zu „bebauen und zu bewahren"[31] Das Wort bewahren wird synonym mit „schützen" verwendet, was bedeutet, dass die Menschen die Tiere schützen und nicht essen sollen. Stützend zu dieser These heißt es in 1. Mose 29: „Sehet da, ich habe euch gegeben alle Pflanzen, die Samen bringen, auf der ganzen Erde, und alle Bäume mit Früchten, die Samen bringen, zu eurer Speise."[32] In dieser Aufzählung ist ausschließlich die Rede von pflanzlichen Nahrungsmitteln, nicht von tierischen. Weiter im Alten Testament spricht Gott zu Aaron und Mose über reine und unreine Tiere. Hier werden Tiere wie Schweine, Hasen, Kamele etc. als unrein deklariert. Außerdem werden verschiedene Vogelarten wie beispielsweise Eulen, Schwäne und Fledermäuse vom Speiseplan ausgeschlossen.[33] In Matthäus 15, 11 äußerst sich Jesus erneut zu unreinen und reinen Speisen. „Nicht was ein Mensch zu sich nimmt, macht ihn unrein, sondern das, was er von sich gibt."[34] Hiermit erklärt Jesus den Pharisäern und Schriftgelehrten, dass Speisen keinen Beitrag zu Reinheit, oder Unreinheit leisten. Ähnlich argumentiert Paulus im Korintherbrief. „Was wir essen, entscheidet nicht darüber, wie wir vor Gott dastehen. Vor ihm sind wir

---

[29] Hilal Sezgin, Artgerecht ist nur die Freiheit (2014) S. 119
[30] Die Bibel, Übersetzung von Martin Luther, 1. Mose 28 (1984)
[31] 2. Mose 15
[32] Die Bibel, Übersetzung von Martin Luther, 1. Mose 29 (1984)
[33] Die Bibel, Übersetzung von Martin Luther, 3. Mose 11, 2-33
[34] Die Bibel, Hoffnung für alle, Matthäus 15, 11 (2005)

weder besser noch schlechter, ob wir nun Fleisch essen oder nicht."[35] Allerdings relativiert der Apostel seine Aussage einige Verse später: „Darum, wenn Speise meinen Bruder zum Fall bringt, will ich nie mehr Fleisch essen, damit ich meinen Bruder nicht zum Fall bringe."[36] In Amos 6, Vers 4 bis 8 spricht Amos zu Israel und wirft dem Volk Alkoholkonsum, Faulheit und das Essen von Lämmern und Kälbern vor. Er prophezeit, dass die Israeliten damit die ersten wären, die in die Verdammnis gehen würden (der Herr ließ Amos sehen, was er mit dem Volk vorhatte).[37] An dieser Stelle der Bibel wirkt der Fleischkonsum wie etwas sehr Verwerfliches. In anderen Passagen der Bibel stellt Gott den Menschen sogar Fleisch als Lebensmittel zu Verfügung. In 2. Mose Vers 6 reisen die Israeliten durch die Wüste Sin und klagen den Herrn an. Gott erscheint ihnen und spricht zu Mose:

„Ich habe die Klage der Israeliten gehört. Darum sag ihnen: Heute Abend werdet ihr Fleisch zu essen bekommen und morgen früh so viel Brot, wie ihr braucht."[38]

An dieser Stelle im Alten Testament legitimiert Gott den Konsum von Wachteln. Hierbei sollte man Bedenken, das Wachteln sehr eingeschränkte geistige Fähigkeiten haben und durchaus nicht so weit entwickelt sind wie beispielsweise Schweine.[39] Die Bibel bietet ein breites Spektrum Interpretationsmöglichkeiten, die für oder gegen den Konsum von Fleisch sprechen. Eine äußerst wichtige Aussage bietet Römer 14. Hier heißt es nämlich, dass niemand andere verachten sollte für die Speisen, die derjenige zu sich nimmt oder meidet. Paulus erinnert daran, dass wir nicht die Herren über unsre Mitmenschen sind und nicht urteilen sollen. Abschließend hierzu möchte ich eine Prophezeigung Jesajas zitieren, welche er von Gott empfangen hat.

„Dann wohnt der Wolf beim Lamm, der Panther liegt beim Böcklein. Kalb und Löwe weiden zusammen, ein kleiner Knabe kann sie hüten. Kuh und Bärin freunden sich an, ihre Jungen liegen beieinander. Der Löwe frisst Stroh wie das Rind. Der Säugling spielt vor dem Schlupfloch der Natter, das Kind streckt seine Hand in die Höhle der Schlange. Man tut nichts Böses mehr und begeht kein Verbrechen auf meinem ganzen heiligen

---

[35] Die Bibel, Hoffnung für alle, 1. Korinther 8,8 (2005)
[36] Die Bibel, Luther Übersetzung, 1. Korinther 8,13 (1984)
[37] Die Bibel, Hoffnung für alle, Amos 6, 4-8
[38] Die Bibel, Hoffnung für alle, 2. Mose 16, 12
[39] Berliner Morgenpost, schlaue Krähen, dumme Wachteln (2005)

Berg; denn das Land ist erfüllt von der Erkenntnis des Herrn, so wie das Meer mit Wasser gefüllt ist."[40] In dieser Prophezeiung leben Tiere friedlich miteinander und essen sich nicht mehr gegenseitig. Genauso friedlich leben die Menschen mit den Tieren zusammen. Hier wird eine Utopie dargestellt in der es weder Gewalt noch Leid gibt. Die fleischfreie Ernährung stellt sich dadurch als idealere heraus, da sie sowohl in der Schöpfungsgeschichte propagiert wird, aber auch in Jesajas utopischer Prophezeiung vorkommt. Dennoch kann man nicht behaupten, dass die Bibel den Konsum von Fleisch verbietet oder schlechtmachen würde.

---

[40] Die Bibel, Jesaja 11, 6-9

4. Fazit

„Dürfen wir Tiere töten um sie zu essen?"- ist die Fragestellung auf der ich meine Facharbeit aufgebaut habe. Die Beantwortung dieser Frage hängt für mich von vielen Faktoren ab. Im Kontext einer Notwendigkeit des Fleischkonsums um Überleben zu sichern, würde ich die Position des milden Speziesismus beziehen und das Leben eines Menschen dem eines Tieres überordnen. Auch in welchem geistigen Zustand der Mensch sich befindet, würde für mich keine Rolle spielen, da ich mich nicht mit Peter Singers Personenbegriff identifizieren kann. Für mich als Christin ist der Mensch ein Ebenbild Gottes. Tiere sind das nicht, weshalb ich dem menschlichen Leben immer eine größere Relevanz zuordnen würde, als dem Leben eines Tieres. Allerdings habe ich die Fragestellung meiner Facharbeit nicht auf Extrem- oder Notsituationen bezogen, sondern auf den Alltag in privilegierten Ländern, wie Deutschland. Aus ernährungswissenschaftlicher Perspektive kann man sagen, dass Fleisch nicht notwendig ist, sogar in vielen Fällen schädlich. Doch nicht nur uns selbst fügen wir Schaden hinzu, sondern auch leidensfähigen Lebewesen, die uns in vielen Sozialverhaltensmustern ähnlich sind und durchaus Intelligenz vorweisen können. Durch die Ähnlichkeit der Tiere zum Menschen, sollten sie meiner Ansicht nach, moralisch berücksichtigt werden. Wie Schopenhauer in seiner Mitleidsethik festgehalten hat, sollte der Maßstab von Rücksichtnahme an der Leidensfähigkeit eines Lebewesens gemessen werden. Tiere können genauso wie wir Schmerz, Leid und Angst empfinden. Das sollten schon genügend Gründe sein sie nicht für unseren Genuss sterben zu lassen. „Ich glaube, dass geistiger Fortschritt an einem gewissen Punkt von uns verlangt, dass wir aufhören, unsere Mitlebewesen zur Befriedigung unseres körperlichen Verlangens zu töten."[41], ist ein Zitat von Mahatma Ghandi. Ich kann Ghandis These stützen und die fleischlosere Ernährung als friedlicher und fortschrittlicher betrachten. In Situationen in denen es nicht um Notwendigkeit, sondern nur um Genuss geht, dürfen wir keine Tiere töten.

---

[41] Zitiert nach Ghandi Mahatma

Literaturverzeichnis

Primärliteratur

Kaplan, Helmut F: Der Verrat des Menschen an den Tieren (Vegi) 2007.

Sezgin, Hilal: Artgerecht ist nur die Freiheit: Eine Ethik für Tiere und warum wir umdenken müssen. München (C-H-Beck) 2014.

Die Bibel: Hoffnung für Alle (Brunnen) 2005.

Die Bibel: Nach der Übersetzung von Martin Luther (Deutsche Bibelgesellschaft) 1999.

Sekundärliteratur

Kulke,Ulli:https://www.welt.de/politik/deutschland/article141455268/So-begruendet-Peter-Singer-Toetung-behinderter-Babys.html [11.10.2017]

Moosberger,Bernhard:http://www.ethica-rationalis.org/artikel/die-goldene-regel-aus-dem-blickwinkel-der-philosophie-zu-schopenhauers-mitleidsethik/ [10.10.2017]

Dr.Werner,Moskopp:http://www.bpb.de/gesellschaft/umwelt/bioethik/208812/standpunkt-der-praeferenz-utilitarismus-peter-singers?p=all [9.10.2017]

Schmidt,Jana:http://www.grin.com/de/e-book/300769/grundzuege-schopenhauers-mitleidsethik-und-ihre-metaphysischen-einfluess [11.10.2017].

Prof. Dr. Wolf, Ursula und Tuida, Jens: *Tierethische Positionen* http://www.bpb.de/gesellschaft/umwelt/bioethik/176364/tierethische-positionen?p=all [20.08.2017].

http://www.spektrum.de/lexikon/biologie/bioethik/8607 [9.10.2017].

http://www.bpb.de/gesellschaft/umwelt/bioethik/175397/quellentexte-zur-tierethik?p=0 [10.10.2017].

http://www.mbph.de/CogScience/Anthro.pdf [10.10.2017].

www.religion-online.de/Unterrichtstexte/Ethik/SINGERCO.doc [11.10.2017].

http://www.fleischexperten.de/lebensmittel-fleisch/moderne-ernaehrung/funf-gesunde-grunde-fleisch-zu-essen/ [13.10.2017].

http://www.dge.de/wissenschaft/referenzwerte/ [15.10.2017].

https://vebu.de/veggie-fakten/zitate-beruehmter-vegetarier-und-veganer/ [28.11.2017]

BEI GRIN MACHT SICH IHR WISSEN BEZAHLT

- Wir veröffentlichen Ihre Hausarbeit, Bachelor- und Masterarbeit
- Ihr eigenes eBook und Buch - weltweit in allen wichtigen Shops
- Verdienen Sie an jedem Verkauf

Jetzt bei www.GRIN.com hochladen und kostenlos publizieren